Sylvanus Mulowayi Wa Kayumba

LES ETOILES

Sylvanus Mulowayi Wa Kayumba

LES ETOILES

Avoir une Etoile et Etre une Etoile

Éditions Croix du Salut

Imprint

Cover image: www.ingimage.com

Publisher:
Éditions Croix du Salut
is a trademark of
International Book Market Service Ltd., member of OmniScriptum Publishing Group
17 Meldrum Street, Beau Bassin 71504, Mauritius
Printed at: see last page
ISBN: 978-613-7-37571-6

LES ETOILES
Sylvanus MW

LES ETOILES

INTRODUCTION

Une étoile est une boule de feu qui naît des poussières cosmiques et qui produit de l'éclairage et de la chaleur qui se déplace dans l'espace en solidaire ou en constellation dans un système précis.

Pour ce qui nous concerne, nous vivons sur la terre dans le système solaire et nous avons des étoiles parmi lesquelles certaines portent des noms.

Cette boule de feu finira par se tarir et disparaître un jour. Au fait les étoiles sont comme des personnes vivantes, elles naissent, grandissent, vieillissent et meurent un jour !

Je ne saurais pas avec ma modeste plume d'aumônier vous faire un exploit astronomique, mais acceptez que je puisse dans ce présent résumé vous parler des étoiles à la lumière de la Parole de Dieu.

« *Dieu dit: Qu'il y ait des luminaires dans l'étendue du ciel, pour séparer le jour d'avec la nuit; que ce soient des signes pour marquer les époques, les jours et les années;*

Et qu'ils servent de luminaires dans l'étendue du ciel, pour éclairer la terre. Et cela fut ainsi.

Dieu fit les deux grands luminaires, le plus grand luminaire pour présider au jour, et le plus petit luminaire pour présider à la nuit; il fit aussi les étoiles.

Dieu les plaça dans l'étendue du ciel, pour éclairer la terre,

Pour présider au jour et à la nuit, et pour séparer la lumière d'avec les ténèbres. Dieu vit que cela était bon.

Ainsi, il y eut un soir, et il y eut un matin: ce fut le quatrième jour. » Genèse 1 :14-19

Selon les données bibliques, le soleil, la lune et les étoiles apparurent au 4° jour de la création et Dieu lui-même les plaça dans le ciel pour :

- Eclairer la terre,
- Présider au jour et à la nuit
- Séparer la lumière d'avec les ténèbres.

Les étoiles brillent continuellement mais ne s'aperçoivent que pendant la nuit. C'est pendant les moments difficiles que l'on peut voir venir vers soi les étoiles de la famille restreinte et élargie ainsi que ceux du quartier.

Une étoile supporte de très grandes températures car en elles, ce n'est que du feu. Tout brûle en elle et tout brille en elle !

On devient une étoile dans la maison de Dieu quand on atteint un niveau supérieur d'endurance et de persévérance. Le signe d'une étoile est qu'elle éclaire les autres, distinguent nettement le bien et le mal et sert de référence et de modèle aux autres.

Etre une étoile c'est passer inaperçu pendant que tout va bien et se dévoiler quand il y a des ténèbres.

Nous avons chacun une étoile d'une part et nous sommes aussi des étoiles d'autre part.

Notre étoile nous conduit et nous-mêmes en tant qu'étoiles, nous conduisons aussi les autres.

Cependant nous n'avons pas le même éclat ! Chaque étoile a son éclat et sa trajectoire. Mais tout ce que nous avons de commun est que nous brillons et brûlons jour et nuit mais on ne peut nous apercevoir que dans la nuit !

Au 4° jour, la terre est entourée du soleil, de la lune et des étoiles et cela permet de créer le calendrier afin de compter les jours, les semaines, les mois et les années.

La terre du premier, deuxième et troisième jour n'avait pas de référence pour mesurer le temps.

Il en est aussi pour toutes les personnes qui vivent sous grâce de Dieu. Elles croient que le jour suivant est la copie de celui d'hier.

Les étoiles sont fixées dans le ciel par Dieu lui-même et sont autonomes.

« ***Il compte le nombre des étoiles, Il leur donne à toutes des noms.***

Notre Seigneur est grand, puissant par sa force, son intelligence n'a point de limite. » Psaumes 147:4-5

Au-delà des noms de familles et de la vie, Dieu nous connaît particulièrement et nos appelle par le nom nouveau qu'il nous a donné comme il est écrit.

« ***Que celui qui a des oreilles entende ce que l'Esprit dit aux Églises:***

A celui qui vaincra je donnerai de la manne cachée, et je lui donnerai un caillou blanc; et sur ce caillou est écrit un nom nouveau, que personne ne connaît, si ce n'est celui qui le reçoit. » Apocalypse 2 :17

Tu as un nom nouveau qui te sera révélé par Dieu au bout de ta randonnée sur cette terre des hommes.

Oui, il te connaît comme une étoile et il t'a donné un nom caché et secret qui te sera révélé quand tu auras totalement accompli ta mission.

Selon la l'analogie de la terre du 4° jour :

- Le Soleil représente le Seigneur Jésus,
- La Lune l'Eglise ;
- Les étoiles les serviteurs de Dieu et
- La Terre le monde à gagner pour le royaume de Dieu.

Nombreux sont ceux qui sont semblables à la Terre du premier jour. Ils sont informes et vides, dans les ténèbres et dans l'eau alors que l'esprit de Dieu est loin d'eux au-dessus de l'eau.

Ceux qui ont accepté de suivre le Seigneur et qui ne sont pas encore nés de nouveau ressemble à la Terre du deuxième et du troisième jour.

Ils vivent sous la grâce et la miséricorde de Dieu. Ils ont traversé la Mer Rouge mais ne sont pas encore arrivés en la Terre Promise car ils doivent traverser le désert.

Et cela, sous la conduite de la colonne de feu et de la nuée et traverser le Jourdain avant de faire tomber les murs de Jéricho et conquérir le lieu de la promesse faite à Abraham.

C'est quand ils se mettent au service de Dieu qu'ils deviennent des étoiles et des témoins de la bonne nouvelle du royaume de Dieu.

Ils peuvent maintenant amener aussi les autres au salut !

Une étoile endure, languit et peine sans lâcher la prise ni baisser la garde. Elle brûle et brille jour et nuit et ne compte que sur Dieu qui l'a fixée dans le ciel et confié la mission de devenir un signe et une référence pour la Terre.

L'Auteur

LE PENTAGRAMME

Elle est aussi appelée « étoile de la célébrité », qui a 5 pointes et qui repose sur 2 pointes.

C'est une étoile des hommes et non de Dieu car les étoiles dans le ciel n'ont pas cette forme.

Quand on la retourne, elle s'appuie sur une seule pointe et élève deux pointes comme une paire de cornes représentant le signe mystique du diable.

Que ce livre de la loi ne s'éloigne point de ta bouche; médite-le jour et nuit, pour agir fidèlement selon tout ce qui y est écrit; car c'est alors que tu auras du succès dans tes entreprises, c'est alors que tu réussiras. » Josué 1 :7-8

La stabilité ne consiste pas à écarter les jambes comme dans l'image de l'étoile de la célébrité. Elle consiste plutôt à :

- Se fortifier,
- Prendre courage,
- Etre fidèle à la Parole de Dieu,
- Garder la Parole de Dieu dans le témoignage et
- Méditer la Parole de Dieu selon ce qui est écrit.

C'est alors que le succès sera notre esclave à jamais soumis !

Ce n'est pas une étoile de la célébrité selon la pensée humaine que j'aimerais partager avec mes multiples lecteurs à travers le monde.

Bien au contraire c'est l'école de Josué qui nous donne les secrets de la célébrité du 4° jour de la création.

Et cela est possible, en suivant notre étoile fidèlement et en ayant la véritable révélation de nous-mêmes en tant qu'étoile de Dieu fixée dans les cieux, plus haut que les montagnes afin de servir de signe et de référence pour ceux qui ne connaissent pas encore le Seigneur Jésus.

Les mages avaient suivi l'étoile de l'Enfant-Roi, qui n'était qu'un guide dans la direction divine afin d'arriver finalement au Soleil levant qui était dans la crèche au milieu de la nuit.

Et en observant la même image, nous voyant les deux bras ouverts pour accueillir les autres et les amener à Dieu.

Nos mains doivent être dépoilées pour travail afin de soutenir l'œuvre de Dieu.

Nous n'avons pas le droit de croiser les bras car la paresse est contre l'épanouissement des enfants de Dieu.

Une étoile travaille toute sa vie sans repos et sans relâche. Elle donne toute l'énergie qui est en elle jusqu'à son épuisement totale.

Nous sommes appelés à donner le meilleur de nous-mêmes tant que nous sommes dans cette carcasse afin que nous puissions produire plus des fruits pour le compte du Royaume de Dieu.

La **5°** pointe est dirigée vers le haut comme les yeux de Moïse qui étaient fixés sur Dieu et non sur le palais royal égyptien dans lequel il fut adopté.

LE CHIFFRE 5

Le pentateuque est composé de **5** livres de Moïse écrit avec la base de la connaissance de la culture égyptienne.

En parcourant ces **5** livres, nous trouvons plusieurs pratiques qui sont similaires à la culture africaine alors qu'il l'avait écrit sur inspiration de Dieu.

Chaque main a **5** doigts et chaque pied a **5** orteils. Et si tout cela est une coïncidence, il faudra bien dire qu'il y a une révélation que nous refusons d'accepter qui y est cachée.
Nous avons **5** sens à savoir :

- La vue,
- L'odorat,
- Le goût ;
- L'ouïe et
- Le toucher.

Quand on en perd un ou deux, on a des problèmes d'équilibre dans la vie.

En lisant le livre de Job, je me rends compte qu'il avait :

- **500** paires de bœufs, et
- **500** ânesses.

C'est un chiffre d'abondance et de prospérité.
Le fleuve qui arrosait le jardin d'Eden était divisé en **4** bras.

Et quand on fait :
1 (le fleuve) + **4** (bras) = **5**
C'était une main cachée qui arrosait le Jardin d'Eden.

Jacob avait **4** femmes et quand on regarde cette famille à son sommet, on voit le chiffre **5** :
1 (mari) + **4** (femmes) = **5**
C'est encore l'image d'une main (**1** pouce et **4** doigts).

Le chiffre **5** est aussi celui de la grâce et de la multiplication.

Le Seigneur Jésus multiplia **5** pains et **2** poissons. **Jean 6 :1-16**

Il y a **5** ministères dans l'église. **Ephésiens 4 :11**

Jésus nous parle de **5** vierges sages et **5** vierges folles dans la parabole de la venue de l'Epoux dans le milieu de la nuit. **Mathieu 25 :1-2**

Anne eut **5** enfants dont **3** fils et **2** filles, après avoir consacré Samuel comme elle l'avait promis à Dieu comme il est écrit :

« ***Lorsque l'Éternel eut visité Anne, elle devint enceinte, et elle enfanta trois fils et deux filles. Et le jeune Samuel grandissait auprès de l'Éternel.*** » 1 Samuel 2 :21

Elle avait demandé juste **1** enfant mais Dieu lui en avait ajouté **5**.

David ramassa **5** pierres dans le torrent avant d'aller à la rencontre de Goliath. Et curieusement, il n'en avait utilisait qu'une seule. C'est là la grâce de Dieu.

Quelle grâce !

La main de droite de Dieu a **5** doigts et c'est avec elle qu'il agit pour nous délivrer et pour nous protéger.

« ***L'Éternel l'a juré par sa droite et par son bras puissant: Je ne donnerai plus ton blé pour nourriture à tes ennemis, et les fils de l'étranger ne boiront plus ton vin, produit de tes labeurs;*** » Esaïe 62 :8

Il utilise juste sa main droite pour protéger notre blé ainsi que notre vin de nos ennemis. Notre labeur sera sous sa sainte protection dans sa main droite puissante et invisible.

Des **10** doigts, Dieu n'en utilise que **5** seulement. Et d'ailleurs de fois, il utilise juste **1** doigt !

Sur l'île Patmos, Jean vit **7** étoiles dans la main droite du Seigneur. En d'autres termes, **5** doigts du Seigneur gardaient **7** étoiles brillantes et brûlantes dans sa main !

5 est un chiffre de la grâce, capable de retenir plusieurs choses à la fois comme les **5** ministères dans l'Eglise qui sont au service des multitudes.

Jésus commença son ministère public avec **4** disciples plus lui-même, ce qui faisait **5**.

« ***Comme il marchait le long de la mer de Galilée, il vit deux frères, Simon, appelé Pierre, et André, son frère, qui jetaient un filet dans la mer; car ils étaient pêcheurs.***

Il leur dit: Suivez-moi, et je vous ferai pêcheurs d'hommes.

Aussitôt, ils laissèrent les filets, et le suivirent.

De là étant allé plus loin, il vit deux autres frères, Jacques, fils de Zébédée, et Jean, son frère, qui étaient dans une barque avec Zébédée, leur père, et qui réparaient leurs filets.

Il les appela, et aussitôt ils laissèrent la barque et leur père, et le suivirent.

Jésus parcourait toute la Galilée, enseignant dans les synagogues, prêchant la bonne nouvelle du royaume, et guérissant toute maladie et toute infirmité parmi le peuple. »
Mathieu 4 :18-23

Simon Pierre + André + Jacques + Jean = **4**
4 + **1** (Jésus lui-même) = **5**

La femme samaritaine avait déjà connu **5** maris d'autrui. Elle vivait avec le **6°** mari d'autrui et le Seigneur ne lui permit point cette course d'infidélité et de débauche car elle avait déjà dépassé **5**.

Jésus avait **5** plaies principales et fraîches à la Croix du Calvaire :

- **1** dans sa main droite,
- **1** dans sa main gauche,
- **1** dans son pied droit,
- **1** dans son pied gauche et
- **1** dans le flanc.

Et chaque plaie représentait aussi un des **5** ministères.

Le sang qui coula de chaque plaie sanctifia chaque ministère.
La pyramide a **5** pointes comme les **5** plaies du Seigneur. **4** pointes dans les extrémités des membres (la base) et **1** plaie dans le flanc (le sommet).

L'ANALOGIE DE LA PYRAMIDE

La pyramide d'Egypte nous donne le système **1** + **4** = **5** qui est celui de la gestion de l'église locale avec les **5** ministères dont **1** supervise les **4** autres.

Et vue de dessus, la pyramide dessine la croix.

En République Démocratique sous le régime de Joseph Kabila, on avait recouru au système **1** + **4** = **5** pour calmer les esprits des leaders des mouvements armés antagonistes. Et cela avait réussi.

Le Seigneur commença son ministère public avec ce système **1 + 4 = 5**.

Je suis personnellement, **5°** enfant dans ma famille biologique et j'ai eu la grâce de mettre en ligne plus d'une vingtaine de livres dont certains ont été traduits en près d'une dizaine de langues internationales.

Félix Tshisekedi, notre **5°** président a cette grâce de faire mieux mais qu'il se fasse entouré de gens capables et sérieux.

La Terre est une planète enveloppée de grâce et de miséricorde car elle a **5** continents et **5** océans.

Si tout cela est juste un hasard, alors Dieu se cache derrière ce hasard-là !

LE MARIAGE ET LE PENTAGRAMME

En s'appuyant sur l'image du pentagramme, nous voyons **2** pieds, **2** mains et **1** seule tête.

Les **2** pieds représentent **2** âmes différentes, celle de l'époux et celle de l'épouse.

Les **2** mains représentent **2** esprits séparés pour chacun des **2** conjoints.

La tête représente l'unité que les **2** conjoints ont dans la progéniture.

C'est dans les enfants que les parents se retrouvent unis. Les **2** conjoints forment un seul corps dans le lit conjugal mais ils demeurent **2** âmes différentes et **2** esprits différents.

C'est ainsi qu'un mari croyant peut avoir une femme non-croyante et vice-versa alors que les enfants resteront purs !

Le mariage n'est pas une fusion d'esprit et d'âme car nous rendront compte personnellement devant Dieu au dernier jour, selon qu'il est écrit :

« ***Je vous le dis, en cette nuit-là, de deux personnes qui seront dans un même lit, l'une sera prise et l'autre laissée;***

De deux femmes qui moudront ensemble, l'une sera prise et l'autre laissée.

De deux hommes qui seront dans un champ, l'un sera pris et l'autre laissé. » Luc 17 :34-36

Même **2** jumeaux ne sont pas unis devant le jugement de Dieu, car chacun rendra compte de ce qu'il aurait fait de la grâce de Dieu versée dans sa vie.

Comme susmentionnés dans la partie introductive de ce présent exploit, il y a **5** éléments importants pour la vie de l'homme sur cette terre et dans le système à venir, à savoir:

- L'eau,
- La terre,
- Le vent ;
- Le feu et
- L'esprit.

Et nous voyons ces **5** éléments dans le tableau de la création.

Au **1°** jour de la création, la terre était dans les eaux. Elle était informe et vide et l'esprit se mouvait au-dessus des eaux. Dieu appela la lumière qui représente à la fois l'éclat et la chaleur.

Mais ce feu du **1°** jour dont la source était inconnue représentait la présence de Dieu !

Il permet de séparer le jour de la nuit, le bien du mal et la vie de la mort.

Au **2°** jour, Dieu sépara les eaux d'en haut des eaux d'en bas. Et au **3°** jour, il sépare la terre ferme et la mer.

Et au **4°** jour, il fixa dans le ciel les luminaires tels que le Soleil, la Lune et les étoiles.

La lumière du **1°** jour était sans source connue et celle du **4°** jour provient jusqu'à ce jour des luminaires auxquels a donné des noms.

Chacun a une étoile d'une part et chacun est une étoile, d'autre part. La **1°** étoile est celle de la direction divine et la **2°** étoile est celle de l'identité spirituelle.

Dans le cas du Seigneur Jésus :

- La **1°** est celle qui fut suivie par les mages depuis l'Orient et
- La **2°** est celle qui lui donne le nom d'Etoile Brillante du Matin.

Que Dieu dans sa grâce et sa miséricorde nous aide à découvrir ces choses personnellement et collectivement afin d'éviter toute confusion, toute torsion des écritures et toute spéculation !

Ainsi au **5°** jour, ce fut la vie animale des airs et des eaux et au **6°** jour ce fut le tour de la vie animale de terre ainsi que celle de l'homme et de la femme.

Au fait le pentagramme et même l'hexagramme qui est l'étoile que nous verrons au second chapitre ne sont que des figures symboliques des hommes pour montrer l'éclat des étoiles.

Ce qui compte c'est la leçon pertinente que nous y tirons pour notre édification en tant qu'enfants de Dieu. Mais au fait, les étoiles sont des boules de feu en ébullition desquelles on ne peut s'approcher facilement.

Une étoile se fait secourir difficilement !

Devenir une étoile, c'est dépendre de soi-même et de Dieu. Et les étoiles vivent dans la charité au-dessus de la fraternité.

En effet, devenir une étoile, c'est passer de l'amour fraternel à la charité. Car au niveau de l'amour fraternel on attend un retour d'ascenseur alors qu'à celui de la charité, on prête à Dieu au travers de la veuve de plus de **60** ans, de l'orphelin, du faible, du pauvre, du malade, du prisonnier et de l'étranger.

Combien les mages d'Orient avaient-ils remis à l'étoile qui les conduisit jusqu'au lieu où se trouvait l'Enfant Roi ?

A vous de me le dire !

Joseph avait vu les étoiles de ses frères ainsi que le Soleil et la Lune dans son songe. Mais il ne vit pas ce même jour-là sa propre étoile d'une part et il ignorait qu'il était aussi une grande étoile au-dessus de cette constellation qu'il venait de voir.

Les serviteurs de Dieu de fois ne voient pas leurs propres étoiles alors qu'ils dirigent celles des autres avec succès.

Les mages ne connaissaient pas leurs propres étoiles alors qu'ils avaient reconnu celle de l'Enfant-Roi.

Marie et Joseph ne savaient rien de l'Etoile de l'Enfant Jésus et qui plus est, ils ignoraient qu'il était l'Etoile Brillante du Matin.

Les étoiles s'ignorent et n'ont pas la connaissance de leur propre identité cosmique. Et comme susmentionné :

- Avoir une étoile est une chose et
- Etre une étoile est autre chose par surcroît.

David ne savait pas qu'il avait une étoile et qu'il était aussi une étoile. Mais au fil de temps en demeurant à son poste de travail, il arriva à faire ce que les autres ne pouvaient pas.

Son propre père l'avait déjà oublié mais son étoile continuait à briller devant son Dieu qui avait fait de lui une étoile pour enlever la honte d'Israël devant le philistin Goliath.

Paul ne savait pas quand il était encore dans le judaïsme qu'il persécutait l'Eglise de Dieu. Il ne se connaissait pas tout à fait. Mais ce fut sur le chemin de Damas qu'il rencontra le Seigneur Jésus, l'Etoile Brillante du Matin qui lui donna la direction divine pour la bonne conduite dans sa destinée.

Et c'est avec la nouvelle naissance et la communion avec le Saint-Esprit que nous nous rejoignons la constellation céleste.

L'HEXAGRAMME

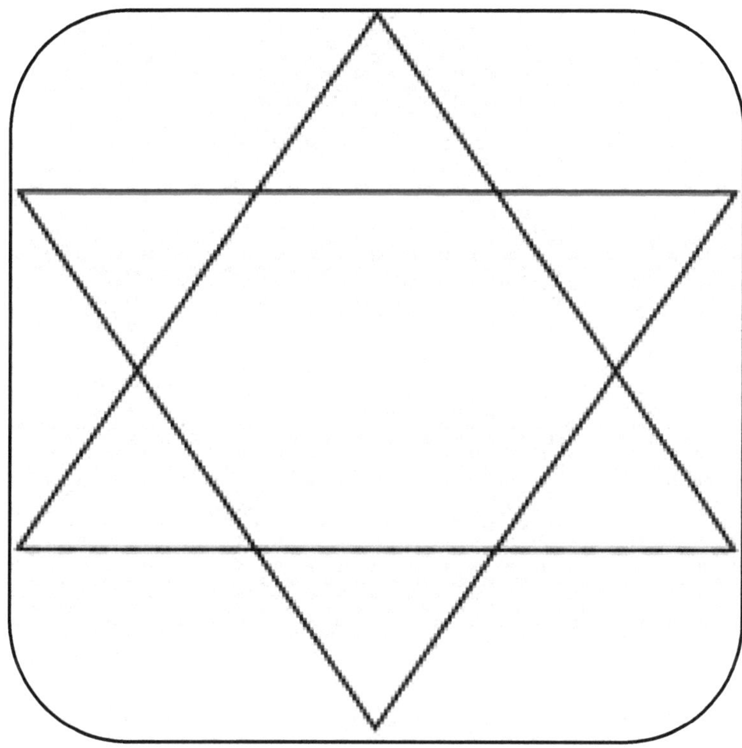

L'hexagramme ou étoile à 6 pointes est celle de David. Les Arabes l'appelaient aussi le bouclier de David, lequel, selon la légende juive, avait été arraché à Goliath qui le portait sur sa ceinture.

Et Salomon l'utilisait en son temps comme sa signature.

Cette étoile fut aperçue par Balaam en son temps comme il est écrit :

«***Je le vois, mais non maintenant, Je le contemple, mais non de près. Un astre sort de Jacob, Un sceptre s'élève d'Israël. Il perce les flancs de Moab, et il abat tous les enfants de Seth.***

Il se rend maître d'Édom, Il se rend maître de Séir, ses ennemis. Israël manifeste sa force. » Nombres 24 :17-18

Cette étoile qui sort de Jacob pour manifester la force d’Israël est celle de David qui avait les mains pleines de sang. Elle est aussi celle de l’Enfant-Roi Jésus, mais plus dans un sens spirituel car il est venu pour l’humanité toute entière !

Ce fut une grande étoile, un astre parcourant le ciel dans la vision de Balaam.

C’est pratiquement comme les étoiles de Joseph avec la lune et le soleil s’agenouillant devant lui alors que de nuit on ne voit pas le soleil et de jour on ne n’aperçoit pas non plus la lune et les étoiles.

Mais comment, Joseph pouvait-il voir une constellation double marquant à la fois le jour et la nuit dans un même songe ?

Bonne question.

Le monde des rêves et des songes est celui qui fend l'impossible et les limites de notre système de vie.

Nous trouvons aussi l'hexagramme sur le drapeau du peuple juif qui porte le nom de Dieu auquel les promesses ont été faites au travers du patriarche Abraham.

Cette étoile à **6** pointes renferme aussi de bonnes leçons que nous ne saurions pas vider dans cette présentation.

Il y a des étoiles sur beaucoup de drapeaux, à l'exemple de notre pays, la République Démocratique du Congo et les Etats Unis d'Amérique pour ne citer que ceux-là.

Ces images ne sont que des représentations humaines des étoiles qui sont réellement des boules de feu en ébullition avec de très grandes températures.

Le chiffre **6** est celui du travail et de la vie de l'homme car c'est au **6°** jour que Dieu créa l'homme et la femme. Il nous prépare à aller dans le **7°** jour qui est celui du Sabbat du Seigneur.

1° INTERPRETATION

L'hexagramme représente la relation entre Dieu et l'homme.

Le triangle équilatéral supérieur, représente Dieu en tant que Père, Fils et Saint-Esprit ; mais le même et unique Dieu. Et le triangle inférieur représente l'homme avec ses trois pointes équivalentes au corps, à l'esprit et à l'âme.

Les relations entre Dieu et l'homme ne se limitent pas seulement au Père. Elles continuent dans le Fils et atteignent le Saint-Esprit.

Avec Dieu, le Père nous sommes dans le corps et dans la loi. Avec le Fils, c'est le salut de notre âme et enfin avec le Saint-Esprit, nous sommes renouvelés pour marcher selon l'esprit et non plus selon la chair.

Nous ne venons pas au Seigneur pour juste satisfaire nos besoins matériels.

Bien au contraire, nous nous approchons de Dieu pour redevenir son image et sa ressemblance car nous venons de lui et nous retournerons vers lui, chacun en son temps.

Nous recevons Jésus comme Seigneur et Sauveur dans notre vie. Nous ne nous limitons pas à la délivrance. Nous allons plus loin pour le suivre tout le reste de notre vie et recevoir de lui le Saint-Esprit qui nous donnera son image et sa ressemblance.

Dans notre corps, notre âme et notre esprit nous devons demeurer dans l'obéissance et la fidélité à la Parole de Dieu.

Nous sommes dorénavant l'évangile vivant de ceux qui n'ont pas eu l'occasion de parcourir la Bible.

La discipline de la loi pour le corps et celle de la foi pour le salut de notre âme ainsi que la communion avec le Saint-Esprit pour notre marche avec Dieu pour le reste de notre vie doivent être équilibrées comme les deux triangles de l'hexagramme !

2° INTERPRETATION

La 2° interprétation nous montre la relation entre l'homme et la femme dans le foyer.

Le triangle supérieur est celui de l'homme et le triangle inférieur est celui de la femme.

Le sommet du triangle représentant l'homme est dirigé vers le haut alors que celui du triangle représentant la femme est dirigé vers le bas.

Oui, l'homme tire la femme vers sa tête alors que cette dernière l'attire vers son organe génital.

La force de l'homme est dans le fruit de son travail, alors que celle de la femme est dans la progéniture.

Quand Sarah était sans enfants, elle n'était pas tranquille !

Mais quand elle eut son propre fils Isaac, elle obligea Abraham à faire partir Agar avec l'enfant Ismaël.

Anne était aussi dans le filet de la stérilité pendant un temps et passait beaucoup de temps dans le Temple de Dieu avec le sacrificateur Eli.

Mais quand elle eut sa visitation de la part de Dieu en lui donna l'enfant Samuel qui fut le dernier juge d'Israël, elle restait plus chez-elle dorénavant.

Dans le foyer les relations entre l'homme et la femme devront être équilibrées comme les deux triangles équilatéraux que nous voyons sur le drapeau d'Israël.

L'homme et la femme doivent vivre dans l'unité et dans l'harmonie afin de protéger et d'enseigner leurs enfants pour affermir davantage le foyer.

La femme dans le foyer n'est pas une esclave ni un matelas pour son époux, mais une personne humaine créée aussi à l'image et à la ressemblance de Dieu.

Ils sont appelés tous les deux à devenir une seule chair pour la gloire de Dieu.

L'hexagramme n'est pas une étoile biblique car, une fois de plus une étoile est une boule de feu en pleine ébullition pendant toute la durée de sa vie cosmique.

L'homme et la femme forme une étoile qui doit mouiller le maillot pour le succès de la famille. Ils doivent briller et brûler autant que possible pour la réussite totale de la famille.

3° INTERPRETATION

L'hexagramme nous conduit vers le nombre de la Bête **666** avec :

- **6** pointes,
- **6** petits triangles et
- **6** côtés de l'hexagone au centre.

666 est le nombre de l'homme qui ne veut pas passer du **6°** jour au **7°** jour qui est celui de repos.

Israël marcha avec la loi jusqu'à la venue du Seigneur Jésus qu'il rejeta alors que c'était lui le Maître du Sabbat en restant sans le savoir en dehors de la vraie foi.

Cette étoile sur son drapeau exprime, sans le dire, qu'Israël n'atteignit point le Sabbat en crucifiant son propre Roi au bois du Calvaire.

Le peuple d'Israël ressembla au fou qui dormait dans le cimetière et qui se blessait avec des morceaux de pierre. Il rejeta celui qui vint pour sa délivrance et sa protection selon la promesse faite à ce propos à Abraham.

Le voilà en guerre jusqu'à ce jour et son véritable repos ne viendra que du même Seigneur qu'il avait rejeté car il attendait un roi libérateur comme David !

Jésus est le Roi de paix, plus grand que Moïse, Elie, David et Jean-Baptiste, dont la révélation leur échappait à cause de son humilité.

Mais celui qui vint c'est Jésus, le Roi de paix qui nous a fait passer de la loi à la foi et qui nous a rachetés du péché dont le salaire est la mort.

Avec la loi, en nous servant de la force humaine, nous irons du **1°** jour jusqu'au **6°** jour de la création sans entrer dans le repos du **7°** jour.

Sans Jésus on ne s'arrêtera qu'au 6° jour et on va encore recommencer pour revenir au 6° jour et ainsi de suite. Et au bout du rouleau cette multitude du chiffre **6** fera office au nombre de la Bête **666**.

Au fait, cette bête n'est pas un animal. C'est tout homme qui se comporte comme une bête sauvage.

Israël crucifia Jésus qui vint pour son sabbat avec un cœur de bête sauvage sans pitié et sans retenue.

Aujourd'hui, nombreux sont ceux qui croient que la foi est une affaire des pauvres et de ceux qui ont échoué dans leur vie.

Permettez-moi que je vous communique que quiconque n'a pas encore fait une rencontre personnelle avec le Seigneur Jésus dans sa vie, vit sous le joug du nombre **666**, comme une bête sauvage, sans conscience et sans intelligence !

Nous admirons et acclamons des personnes qui apparemment sont des icônes de notre société et même du monde, mais qui ne sont que des bêtes sauvages avec sur leur front le nombre **666** qui est la marque de la bête.

Aujourd'hui avec les apprentis-sorciers de ce siècle de vitesse et de haute technologie, nous nous rendons compte que le riche et l'intelligent selon le monde, ont fabriqué dans des laboratoires de la méchanceté de leur cœur de bête sauvage le virus démoniaque et diabolique Covid-19.

Et ledit virus a détruit la vie des milliers de victimes innocentes sans raison fondée sur le respect des termes et conditions de cohabitation entre peuples.

L'homme de ce monde, sans Jésus, ne pourra pas entrer dans le repos sabbatique comme il est écrit :

« ***Car il a parlé quelque part ainsi du septième jour: Et Dieu se reposa de toutes ses œuvres le septième jour.***

Et ici encore: Ils n'entreront pas dans mon repos! » Hébreux 4 :4-5

Tous ceux qui ont rejeté le Seigneur Jésus n'entreront pas dans le **7°** jour qui est celui du repos et de l'éternité.

Ils vivent dans les 6 choses que Dieu déteste.

« ***Il y a 6 choses que hait l'Éternel, et même 7 qu'il a en horreur;***

Les yeux hautains, la langue menteuse, Les mains qui répandent le sang innocent,

Le cœur qui médite des projets iniques, Les pieds qui se hâtent de courir au mal,

Le faux témoin qui dit des mensonges, Et celui qui excite des querelles entre frères. » Proverbes 6 :16-19

Quand l'on observe minutieusement cette liste, il y a la langue menteuse qui veut aussi signifier le faux témoin qui dit des mensonges.

Ainsi il y en a effectivement **6** !

Et la multitude de ces choses dans notre vie de tous les jours, nous ramènent au nombre **666** qui est celui de l'homme au cœur de bête sauvage sans retenue et sans pitié à l'instar des inventeurs du Covid-19.

Ils sont réservés pour la ruine et la destruction éternelle, à moins qu'ils ne se repentent sincèrement et qu'ils portent des fruits dignes de leur nouvelle naissance.

Le diable et les démons sont déjà condamnés alors que l'homme peut faire un choix judicieux pour son salut, sa délivrance et sa réconciliation avec son Dieu pour entrer dans le **7°** jour.

Le roi David à qui on attribue cette étoile tomba dans le filet de Bath-Schéba, la femme d'Urie le soldat vaillant et fidèle.

Il se rendit devant la face de Dieu pour se repentir et se réconcilier avec lui et il fut ainsi autorisé d'entrer dans le **7°** jour qui est celui du repos sabbatique.

Tirons la leçon sur l'hexagramme sans l'adorer ni la placer dans notre église locale ou dans notre maison. Elle tire son origine des hommes et non de Dieu comme bien de choses que l'on retrouve aujourd'hui dans la vie des enfants de Dieu.

DANS LE TEMPLE DE CARPERNAÜM

Ces deux étoiles à **6** pointes que l'on peut apercevoir sur l'image ci-haut font allusion à l'hexagramme de David qui est ici une initiative juive et non celle de Dieu.

C'est un pain de proposition des juifs qui n'a rien à avoir avec le premier temple construit par Salomon selon les instructions de Dieu en son temps.

Tirons la leçon des pains de proposition et même de la nature, mais gardons la manne qui est le pain de vie descendu du ciel pour notre satiété et notre repos total et éternel.

Nous sommes le Temple de Dieu et son Esprit habite en nous.

Oui, le Dieu plus grand que les cieux accepte de venir avec son Fils Unique et le Saint-Esprit habiter en nous. Tout enfant de Dieu né de nouveau est un bailleur de Dieu, de Jésus et du Saint-Esprit, même s'il est encore locataire dans ce système des choses.

Il y a des bailleurs physiques mais qui sont encore des locataires spirituellement !

A leurs œuvres, l'on les reconnaîtra !

Il y a des professeurs dans la chair qui sont encore des étudiants attendant la **2°** session spirituellement.

Le Seigneur Jésus n'avait pas besoin du Temple de Capernaüm, ni avant sans destruction ni après sa reconstruction.

Il a jusqu'à ce jour besoin du Temple de notre corps dont le centre est le cœur à la porte où il frappe pour entrer et dîner avec nous.

Il n'a besoin ni des tatouages ni des maquillages mais d'un cœur humble et bien disposé qui parle mieux que les deux.

TATOUAGES ET MAQUILLAGES

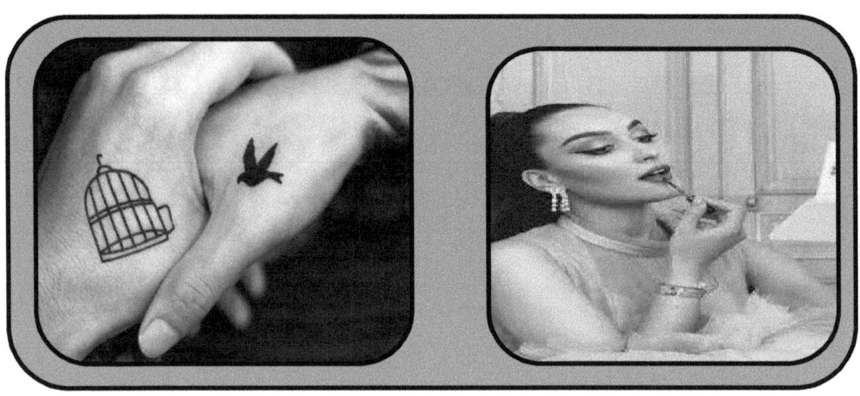

Ce sont des trompe-yeux car l'œil ne se rassasiera de voir et l'oreille d'entendre.

La parure extérieure n'est qu'une enveloppe et le cœur caché aux hommes et sondé de Dieu, constitue la véritable lettre.

L'image à gauche est un tatouage de la liberté que l'on recherche encore à l'Est de la République Démocratique du Congo pendant plus de **18** ans sans la trouver.

Et tout cela se passe devant le regard tacite de la mission pour la paix des Nations Unies, installée dans mon pays depuis l'année 2000, si je ne me trompe.

Dans les familles, dans les sociétés humaines et partout dans le monde, la paix et la liberté sont des mots qui ne se retrouvent plus dans les pages des dictionnaires en vogue !

L'image de droite qui est celle du maquillage, nous donne l'apparence d'une femme belle et attractive, mais dont nous ne connaissons pas le cœur !

Ne nous fions pas au tatouage ni au maquillage mais cherchons ce que nous cache le cœur invisible des yeux !

Nombreux sont les jeunes garçons qui se sont mariés dans la précipitation du maquillage et de l'apparence extérieure, sans prendre du temps pour se renseigner sur ce qui se cachait dans le fond du cœur de la future épouse.

Nombreuses aussi sont les jeunes filles qui ont regretté plus tard d'avoir participé avec optimisme et espérance à la nuit de miel, en se retrouvant finalement dans la vie pratique devant un conjoint loin de l'image qu'il reflétait pendant la période des fiançailles.

Triste réalité de la vie !

Et plus tard, les conjoints insatisfaits attribuent la faute aux parents et aux parrains car la précipitation laisse toujours une petite porte ouverte.

Les étoiles devant les églises et lieux de prière et même à l'intérieur de certaines assemblées ne sont que des tatouages et des maquillages sans fond et vides de tout sens !

C'est la marque de la bête qui est le nombre **666** incapable de conduire ses adeptes dans le repos de Dieu.

La femme samaritaine connut **5** maris d'autrui avant et vivait avec un **6°** mari d'autrui quand elle rencontra Jésus, le **7°** mari, celui qui est le Maître du Sabbat de Dieu.

Et elle déposa alors sa cruche à ses pieds et alla gagner les âmes dans sa ville juste par son témoignage personnel.

Et ce soir-là le **6°** mari d'autrui rentra chez soi plus tôt parce que la femme samaritaine avait changé de vie. Elle fut libérée réellement de sa servitude et entra dans le repos avec le Seigneur Jésus.

Elle se maquillait très bien, mais cela ne lui offrit pas un seul mari propre à elle. Il a fallu rencontrer le Maître du Sabbat pour s'y introduire effectivement !

Sur la double table des 10 commandements de Dieu remise à Moïse sur le Mont Sinaï en mains propres, il y avait :

- 4 commandements envers Dieu et
- 6 commandements envers le prochain.

Les gens disent qu'ils croient en Dieu sans obéir à sa Parole et rejettent le diable à qui ils obéissent jour et nuit.

Atrabilaire réalité !

Que Dieu nous y aide !

Il n'y a de salut ni dans le pentagramme ni dans l'hexagramme, ni dans toute autre étoile connue ou inconnue. Le salut est dans la foi en Jésus comme Seigneur et Sauveur personnel !

Ceux qui continuent encore à adorer le Soleil et la Lune ainsi que certaines étoiles sont des professeurs physiques et symboliques qui doivent rentrer à l'école de la nouvelle naissance par la foi en Jésus.

LES ETOILES IDENTIFIEES LES HOMMES

Selon ma modeste recherche en ligne, voici les noms des **10** des étoiles les plus brillantes en dehors du Soleil, identifiées par les hommes :

- **Sirius**, à une distance de 8,6 années-lumière,
- **Canopus**, à une distance de 310 années-lumière,
- **Arcturus**, à une distance de 36 années-lumière,
- **Alpha du Centaure**, à une distance de 4,3 années-lumière,
- **Véga**, à une distance de 25 années-lumière,
- **Rigel**, à une distance de 630 années-lumière,
- **Procyon**, à une distance de 11 années-lumière,
- **Achernar**, à une distance de 139 années-lumière ;
- **Bételgeuse**, à une distance de 500 années-lumière et
- **Hadar**, à une distance de 390 années-lumière.

Toute cette connaissance n'a rien changé dans les cœurs des hommes intelligents de ce monde, car parmi eux se trouvent les apprentis-sorciers auteurs du Covid-19 qui n'est pas un virus naturel, mais une véritable bombe biologique dégoupillée pour décimer la population de la terre en commençant par celle de l'Afrique.

Ce sont des tatouages et des maquillages de l'intelligence des hommes de ce monde, qui ressemblent plus à un singe dans un verger qu'il n'a jamais planté.

Les étoiles dans leur représentation et même dans leur exploitation en astrologie, rencontrent une frontière qu'elles ne savent pas traverser au **6°** jour et dont l'accumulation ne forme finalement que le nombre **666** qui est celui de l'homme sans Jésus !

LE SONGE DE JOSEPH

« ***Il eut encore un autre songe, et il le raconta à ses frères. Il dit: J'ai eu encore un songe! Et voici, le soleil, la lune et onze étoiles se prosternaient devant moi.*** » Genèse 37 :9

Comment peut-on voir le soleil ensemble avec la lune et les étoiles ?

Apparemment une telle chose n'est pas possible, car pendant la journée les étoiles brûlent et brillent dans le ciel mais restent invisibles à nos yeux !

De fois nous voyons la lune même pendant la journée.

Selon la grâce reçue de mon Dieu, cette vision ne pouvait être que l'illustration de la crucifixion du Seigneur Jésus, car pendant **3** heures, on pouvait voir la lune et les étoiles à moins qu'il y ait eu beaucoup de nuages !

11 étoiles, le Soleil et la Lune à genoux devant le jeune Joseph qui ne vit point sa propre étoile et qui ignorait être par surcroît une étoile plus imposante que celles de ses frères réunis !

Ils formaient cette nuit-là dans le songe de Joseph une constellation du **4°** jour de la création.

Il n'y avait que **11** étoiles visibles, mais alors où étaient la **12°** ?

Cela me fait penser à Judas Iscariote, le traite, qui mourut avant sa victime et à Thomas le sceptique qui n'était pas à la table le jour de la visitation du Ressuscité !

Nous ne sommes pas dans la maison du scepticisme ni de la trahison, mais dans celle de la foi, de l'espérance et de l'amour.

Le Soleil, la Lune et les étoiles n'ont pas de genoux, mais s'agenouillèrent devant le jeune Joseph durant son songe. Et moi, je vous présente le Nom de Jésus qui est plus grand que celui de Joseph !

Que tout vent contraire, toute maladie, y compris le Covid-19, toute adversité et toute tempête obéissent à la puissance du Nom de Jésus sur le chemin de pèlerinage sur cette terre des hommes, pour quiconque lira ce présent exposé.

Personne ne vit l'étoile de Joseph car elle était la plus puissante de cette famille cosmique qui était une véritable constellation du **4°** jour de la création !

En ce moment-là, Jacob était resté avec **3** femmes dont **1** libre et **2** esclaves. Et Joseph vit seulement une seule lune qui correspondait à la femme libre.

Il y avait plusieurs étoiles dans le ciel à la naissance de l'Enfant-Roi, mais les mages de l'Orient ne suivirent que celle qui les conduisit vers le lieu de son porteur.

Tu as une étoile !

Tu es aussi une étoile !

Que Dieu t'aide à découvrir ton identité et à suivre la direction divine y afférente afin de réaliser ta mission sur terre des hommes.

L'erreur de Joseph fut le manque de discrétion et sa faveur consistait en sa fidélité à la Parole de Dieu.

La présence de Dieu est notre lieu de restauration et de repos. C'est aussi un lieu de la révélation !

Et ce fut la femme de Potiphar qui remarqua finalement que Joseph avait une étoile puissante car sa maison fut bénie de Dieu pendant tout le temps que cet enfant y resta.

Elle voulait voler cette étoile d'Israël par la voie sexuelle !

Il y a eu des femmes qui sont passées d'une manière ou d'une autre par une relation sexuelle pour hériter l'étoile des autres.

A ce titre, j'aimerais mentionner :

- Tamar
- Bath-Schéba
- Rahab, la prostituée et
- Ruth.

TAMAR ET JUDA

Juda, fis de Jacob et de Léa, de qui naquit finalement le Seigneur prit une femme cananéenne de laquelle il eut Er et Onan.

Le premier murut sans avoir laissé de la progéniture. C'est ainsi que Juda donna Onan à Tamar pour lui susciter une progéniture. Seulement alors qu'il alla au lit avec elle, il éjaculait par terre.

La chose déplut à Dieu qui le tua. Et son beau-père lui promit ainsi de retourner dans sa famille et d'attendre que quand le **3°** fils Schéla sera grand pour la faire venir afin de lui susciter une progéniture.

Les femmes sont souvent plus intuitives que les hommes quant à détecter certaines réalités cachées de la vie. Elle s'en retourna dans sa famille mais Juda ne la fit plus venir quand Schéla prit de l'âge.

Elle demeura silencieuse et taciturne avec son herbe amère dans la bouche.

Un peu plus tard, sa belle-mère mourut et Juda décida un jour de faire un déplacement vers Thimna pour tondre les brebis et sa belle-fille Tamar en fut informée.

Elle se fit passer pour une prostituée sur son chemin et son beau-père coucha avec elle et lui laissa en gage son cachet, son cordon, et le bâton afin de revenir les récupérer contre paiement en nature.

Au fil du temps, on vint lui dire que sa belle-fille était enceinte. Il rougit et voulut la mettre à mort au feu.

Elle lui montra alors le gage de l'auteur de sa grosse et Juda dit : « ***Elle est moins coupable que moi, puisque je ne l'ai pas donnée à Schéla, mon fils. Et il ne la connut plus.*** » Genèse 38 :26

Elle donna naissance à 2 jumeaux : Pérets et Zérach. Et elle entra ainsi dans la lignée de l'Enfant-Roi.

BATH-SCHEBA

C'était la femme légitime d'Urie, un officier dans l'armée juive qui évoluait dans la crainte de Dieu et la fidélité aux principes de combat.

Une belle femme ne doit pas s'exposer aux loups assoiffés et altérés en se prenant son bain dans une douche traditionnelle sans porte et sans toit !

Elle s'expose ainsi plus qu'elle ne se soigne !

Mais ce jour-là, son bain fut arrêté par des gardes de la maison royale de David dans une histoire triste et mélancolique où elle se retrouva grosse du roi qui dans la suite du temps tua son mari pour finalement la garder comme épouse parmi tant d'autres qui remplissaient la cour royale.

Après ce scandale et le repentir de David, elle devint la mère de Salomon et entra aussi dans la lignée de l'Enfant- Roi.

RAHAB, LA PROSTITUEE

Une fois de plus, c'est une histoire bien connue de beaucoup de lecteurs de la Bible.

« ***Josué laissa la vie à Rahab la prostituée, à la maison de son père, et à tous ceux qui lui appartenaient; elle a habité au milieu d'Israël jusqu'à ce jour, parce qu'elle avait caché les messagers que Josué avait envoyés pour explorer Jéricho.*** » Josué 6 :25

Cette femme prostituée avait une étoile qu'elle ignorait comme c'est le cas de beaucoup de gens qui sont encore sous le joug du péché, attendant sans frein et sans espoir la ruine et la destruction à venir.

Ce fut elle qui sauva les espions envoyés pour explorer Jéricho.

Elle a un nom au sein d'Israël jusqu'à ce jour et fut retenue dans la lignée du Seigneur Jésus !

Toi aussi qui me lis en ce moment précis, tu as une étoile que tu ne connais pas encore.

Tu es une étoile qui a une mission à accomplir à dessein de la part de Dieu. Et ma modeste prière est que mon Dieu fasse briller ton étoile pour ta destinée et qu'il te révèle d'une manière ou d'une autre la mission en tant qu'étoile dans le firmament de ses serviteurs.

RUTH, LA MOABITE

Cette femme est le symbole de l'attachement. Elle prit la ferme décision de suivre sa belle-mère Naomi après la mort de son mari sans demander conseil ni à sa famille, ni à sa belle-sœur et compagne de peine Orpa.

« ***Naomi dit à Ruth: Voici, ta belle-sœur est retournée vers son peuple et vers ses dieux; retourne, comme ta belle-sœur.***

Ruth répondit: Ne me presse pas de te laisser, de retourner loin de toi! Où tu iras j'irai, où tu demeureras je demeurerai; ton peuple sera mon peuple, et ton Dieu sera mon Dieu;

Où tu mourras je mourrai, et j'y serai enterrée. Que l'Éternel me traite dans toute sa rigueur, si autre chose que la mort vient à me séparer de toi!

Naomi, la voyant décidée à aller avec elle, cessa ses instances. » Ruth 1 :15-18

Ruth refusa de retourner dans sa famille à l'instar d'Orpa et prit la ferma résolution de suivre sa belle-mère Naomi qui était dorénavant veuve sans savoir où elle allait.

Plus tard, par sa belle-mère, elle connut Boaz qui l'introduisit ainsi dans lignée de l'Enfant-Roi.

Il y a ici plus que Boaz et tu peux aussi faire un choix précieux qui consiste à quitter le plaisir de ce monde éphémère pour nous rejoindre sur l'estrade du surnaturel, des signes et des prodiges en acceptant Jésus comme Seigneur et Sauveur personnel.

Tu deviendras ainsi un enfant de Dieu, né non du sang ni de la volonté des hommes mais de Dieu !

LA CONSTELLATION

Les étoiles se rencontrent cohabitent pour un temps et se séparent pour se retrouver plus tard selon les conditions et les termes cosmiques.

La famille de Joseph était une famille cosmique, une véritable constellation astrale, mais soumise à ce petit enfant qui n'avait que **13** ans environ !

Il brûla et brilla plus que son père, ses **3** mères et ses **11** frères.

Le choix de Dieu est de fois paradoxal à celui des hommes qui s'attachent aux tatouages et aux maquillages alors qu'il sonde le cœur et les reins invisibles pour confondre les connaisseurs de ce monde.

D'où est venue l'étoile suivie par les mages et où allait-elle ?

Bonne question.

Elle venait de Dieu et retournait vers lui, comme il en est pour toi et moi. Nous venons tous de lui et retournerons vers lui un jour, chacun en sa circonstance et en son temps.

Les étoiles sont attaquées dès le sein de leurs mères et même dans le berceau de l'hôpital ainsi que dans toute leur vie.

Je me souviens de l'enfant Moïse à sa naissance, comment on tuait les enfants mâles d'Israël sous ordre de Pharaon à partir de l'hôpital.

« ***Un homme de la maison de Lévi avait pris pour femme une fille de Lévi.***

Cette femme devint enceinte et enfanta un fils. Elle vit qu'il était beau, et elle le cacha pendant trois mois.

Ne pouvant plus le cacher, elle prit une caisse de jonc, qu'elle enduisit de bitume et de poix; elle y mit l'enfant, et le déposa parmi les roseaux, sur le bord du fleuve.

La sœur de l'enfant se tint à quelque distance, pour savoir ce qui lui arriverait.

La fille de Pharaon descendit au fleuve pour se baigner, et ses compagnes se promenèrent le long du fleuve. Elle aperçut la caisse au milieu des roseaux, et elle envoya sa servante pour la prendre.

Elle l'ouvrit, et vit l'enfant: c'était un petit garçon qui pleurait. Elle en eut pitié, et elle dit: C'est un enfant des Hébreux!

Alors la sœur de l'enfant dit à la fille de Pharaon: Veux-tu que j'aille te chercher une nourrice parmi les femmes des Hébreux, pour allaiter cet enfant?

Va, lui répondit la fille de Pharaon. Et la jeune fille alla chercher la mère de l'enfant.

La fille de Pharaon lui dit: Emporte cet enfant, et allaite-le-moi; je te donnerai ton salaire. La femme prit l'enfant, et l'allaita.

Quand il eut grandi, elle l'amena à la fille de Pharaon, et il fut pour elle comme un fils. Elle lui donna le nom de Moïse, car, dit-elle, je l'ai retiré des eaux. » Exode 2 :1-10

Il y avait une constellation à la naissance de Moïse dans sa famille :

- Sa mère,
- Sa sœur Myriam et
- Lui-même.

Cette constellation était stratégique et introduisit au bout du rouleau l'enfant Moïse dans la famille royale égyptienne d'où venait l'ordre de jeter dans le Nil tous les nouveau-nés mâles des juifs, au milieu des serpents et des crocodiles pour les exterminer.

L'Enfant-Roi, Emmanuel, Dieu au milieu de nous fut attaqué dès le sein de la Vierge Marie quand Joseph voulait se séparer d'elle discrètement.

Mais divinement averti par un ange, Joseph compris que l'Enfant-Roi venait du Saint-Esprit.

A sa naissance, après la visite des mages, le roi Hérode voulut le tuer car il le craignait comme roi depuis son berceau.

A l'âge de **12** ans, il resta dans le temple avec les anciens d'Israël et les surprit sur la profondeur de sa connaissance dans la Parole de Dieu.

Dans la constellation de la famille du jeune Joseph, le soleil, la lune et **11** étoiles dépendaient de lui !

Quand on a une étoile plus forte, quand on est une étoile venue de Dieu à dessein, on fera des choses que l'œil n'a point vues et que l'oreille n'a point entendues et qui ne sont jamais montées au cœur de l'homme.

C'est pendant la nuit, quand tout devient obscur que les étoiles deviennent visibles.

A l'âge de **30** ans, Joseph devint l'astre de toute l'Egypte et de tout Israël. Il accueillit ainsi sa famille élargie et l'installa dans la province de Goshen pendant une période difficile où il manquait à manger sur toute la terre.

CAS DE MOISE

A **40** ans il essaya de délivrer son peuple de la servitude égyptienne mais fut trahi par un de ses propres frères qui le menaçait du meurtre commis sur l'égyptien sans cœur et sans pitié qui maltraitait ses frères juifs.

Sans frein, cet imposteur juif lui demanda de qui il avait obtenu mandant et qualité pour se prétendre être leur chef et leur libérateur.

Une étoile ne discute pas avec les grains de sable sur la plage. Elle est fixée dans le ciel et travaille pour le compte du royaume des cieux et non celui de ce système des choses des hommes.

Il quitta sans avertir la maison royale d'Egypte, laissant derrière lui un couvert en or sur la table pour se rendre au pays de Madian où il se plaça à côté du puits.

Après avoir secouru les filles de Jéthro, ce dernier lui en donna une en mariage et l'hébergea pendant **40** ans en lui confiant ainsi la charge de son troupeau.

A **80** ans, il rencontra Dieu dans le buisson ardent et reçut ainsi la mission de libérer le même peuple qui l'avait rejeté.

Une étoile pardonne facilement !

Il revint ainsi au milieu de la constellation double des étoiles égyptiennes et juives pour marquer son temps et démontra la puissance de Dieu en **10** plaies.

Il sortit de nuit avec **600.000** hommes sur pieds sans compter les femmes et les enfants.

Il fut une étoile plus brillante et plus brûlante de la constellation égyptienne et de celle de son propre peuple.

Il coupa la Mer Rouge et conduisit Israël en suivant la colonne de feu et la nuée pendant **40** ans.

Il mourut à **120** ans dans la plaine de Moab et fut succédé par Josué son serviteur fidèle.

« ***Il n'a plus paru en Israël de prophète semblable à Moïse, que l'Éternel connaissait face à face.*** » Deutéronome 34 :10

Cet homme de Dieu était un astre. Et demeure une icône incontournable chaque fois que l'on parle d'Israël et de la loi qui porte son nom.

C'est cette étoile brillante et brûlante qui a écrit les **5** livres du pentateuque. Elle a eut la grâce de parler avec Dieu face à face, alors que quiconque voit la face de Dieu, meurt sur le champ.

L'ETOILE BRILLANTE DU MATIN

« ***Moi, Jésus, j'ai envoyé mon ange pour vous attester ces choses dans les Églises. Je suis le rejeton et la postérité de David, l'étoile brillante du matin.*** » Apocalypse 22 :16

C'est Jésus l'étoile la plus brillante et la plus brûlante de tous les temps !

Elle plus grande que celle de Moïse, celle de David et des autres rassemblés !

C'est en lui que nous avons la vraie lumière du monde car c'est lui le Soleil levant !

« ***Jésus leur parla de nouveau, et dit: Je suis la lumière du monde; celui qui me suit ne marchera pas dans les ténèbres, mais il aura la lumière de la vie.*** » Jean 8 :12

Plus brillante et plus brûlante que toutes les étoiles rassemblées, Jésus est la lumière du monde.

Le suivre, demeurer dans sa présence, c'est faire fuir au loin toutes les ténèbres !

La vie est dans cette lumière, car quiconque ne l'a pas encore rencontré, est une personne semblable à la terre du **1°** jour qui était informe et vide, dans les ténèbres et engloutie dans les eaux au-dessus de l'abîme.

La plupart de gens que l'on acclame et que l'on admire sont dans les ténèbres alors qu'ils ont des yeux grandement ouverts pour voir et ne voient pas et des oreilles pour entendre et n'entendent pas.

Nous n'avons besoin d'aucune étoile, d'aucun astre et d'aucune autre source de lumière en dehors de Jésus, l'Etoile Brillante du Matin pour avoir la vie éternelle.

« ***Il y eut un homme envoyé de Dieu: son nom était Jean.***

Il vint pour servir de témoin, pour rendre témoignage à la lumière, afin que tous crussent par lui.

Il n'était pas la lumière, mais il parut pour rendre témoignage à la lumière.

Cette lumière était la véritable lumière, qui, en venant dans le monde, éclaire tout homme.

Elle était dans le monde, et le monde a été fait par elle, et le monde ne l'a point connue.

Elle est venue chez les siens, et les siens ne l'ont point reçue.

Mais à tous ceux qui l'ont reçue, à ceux qui croient en son nom, elle a donné le pouvoir de devenir enfants de Dieu, lesquels sont nés,

Non du sang, ni de la volonté de la chair, ni de la volonté de l'homme, mais de Dieu. » Jean 1 :6-13

Jean-Baptiste est venu comme témoin de la lumière. Il fut un grand serviteur de Dieu, une grande étoile mais il n'était pas la lumière la plus brillante et la plus brûlante !

Il est venu afin que tous croient en Jésus la véritable et irremplaçable lumière du monde.

C'est Jésus, la Parole de Dieu qui est la lumière qui conduit dans la vie éternelle.

En dehors du Seigneur Jésus c'est la mort !

Jésus est venu vers les siens (les juifs) et les siens ne l'ont pas reçu car ils attendaient un roi guerrier comme David !

Et cette lumière brillante et brûlante s'est placée au centre de tous les hommes à Golgotha pour leur montrer le chemin qui mène à Dieu !

« ***Mais les ténèbres ne régneront pas toujours sur la terre où il y a maintenant des angoisses: Si les temps passés ont couvert d'opprobre le pays de Zabulon et le pays de Nephthali, les temps à venir couvriront de gloire la contrée voisine de la mer, au delà du Jourdain, le territoire des Gentils.***

Le peuple qui marchait dans les ténèbres voit une grande lumière; sur ceux qui habitaient le pays de l'ombre de la mort une lumière resplendit. » Esaïe 9 :1-2

C'est de Jésus au milieu de nous comme Emmanuel dont on parle dans cette portion des écritures.

Il est venu parmi nous en commençant par Israël qui ne l'avait pas reconnu et après il s'est finalement tourné vers nous, les nations.

« ***Qui a cru à ce qui nous était annoncé? Qui a reconnu le bras de l'Éternel?***

Il s'est élevé devant lui comme une faible plante, comme un rejeton qui sort d'une terre desséchée; Il n'avait ni beauté, ni éclat pour attirer nos regards, Et son aspect n'avait rien pour nous plaire.

Méprisé et abandonné des hommes, Homme de douleur et habitué à la souffrance, Semblable à celui dont on détourne le visage, Nous l'avons dédaigné, nous n'avons fait de lui aucun cas.

Cependant, ce sont nos souffrances qu'il a portées, C'est de nos douleurs qu'il s'est chargé; Et nous l'avons considéré comme puni, frappé de Dieu, et humilié. » Esaïe 53 :1-4

Depuis Israël, cette bonne nouvelle était cachée aux uns et aux autres, mais révélée aux humbles, aux faibles et aux enfants.

Les hommes ont cru dans les étoiles et ont rejeté la lumière qui est la source de tout ce qui brille et qui brûle !

Même de nos jours, nombreux sont ceux qui croient la matière de la foi est réservée aux pauvres et aux faibles.

Si Salomon passait du temps à chercher la face du Seigneur malgré toutes ses richesses, je vous présente Jésus, l'Etoile Brillante du Matin et la Lumière du mode entier, en dehors de qui personne ne prendra part à la vie éternelle !

Dans son humilité, il est venu comme une faible plante comme un rejeton qui sort d'une terre desséchée, sans beauté et sans éclat.

Il n'a pas pris une allure de séduction et d'attraction comme le serpent dans le Jardin d'Eden. Et son aspect n'était pas à plaire aux hommes, mais Dieu !

Endurant et persistant comme une véritable étoile, il a supporté le mépris, le rejet, la raillerie, la douleur et la souffrance.

Il est parti jusque dans le séjour des morts et il est finalement revenu à la vie au **3°** jour et il est finalement monté au ciel avec la promesse d'envoyer le Saint-Esprit.

Et le jour de la Pentecôte, ce fut Pierre qui le renia **3** fois autour du feu dans la nuit où il fut livré à ses ravisseurs par Judas Iscariote, son Ministre des Finances, qui se leva parmi les **120** disciples pour ramener **3.000** âmes au Seigneur.

Pierre fut l'étoile de ce jour-là et plus tard Paul vint aussi briller et brûler avec les douze comme le tout dernier de tous les apôtres.

Tu peux aussi devenir une étoile active et nous rejoindre dans la constellation de la proclamation de la bonne nouvelle du royaume jusqu'aux extrémités de la terre !

Il suffit de recevoir Jésus comme Seigneur et Sauveur et le suivre tout le reste de ta vie, car c'est lui la lumière du monde.

Les serviteurs de Dieu qui réclament de l'argent et des biens aux gens qui les écoutent de la part de Dieu sont de la postérité des grains de sable et ceux qui évoluent en donnant gratuitement ce qu'ils ont reçu gratuitement de la part de Dieu sont de la postérité des étoiles.

CONCLUSION

Nous avons tous une étoile et chacun de nous est une étoile avec une mission précise dans le temps et dans l'espace. C'est la bonne révélation sur notre possession et notre copulation qui nous manque très souvent.

Combien de serviteurs et servantes de Dieu remplissent encore les lieux de honte et de pudeur alors qu'ils ont une mission qu'ils ignorent à accomplir dans le champ de la conquête des âmes perdues pour vider le royaume des ténèbres et remplir celui des cieux ?

A vous de me lire !

Le salut ressemble à une maladie contagieuse car il est expansif et communicatif.

Qui pouvait croire que la bonne nouvelle du royaume des cieux annoncée par le Seigneur Jésus qui débuta son ministère public avec juste **4** disciples atteindrait aujourd'hui les extrémités de la terre ?

La foi affecte et influence notre famille, notre société et le monde tout entier.

Nous sommes des étoiles et nous avons des étoiles.

En tant qu'étoile, il est l'Etoile Brillante du Matin et en tant qu'Enfant-Roi, né à Bethléem, son étoile fut aperçue en Orient par les mages.

Je ne parle pas des étoiles avec des pointes comme le pentagramme et l'hexagramme et les autres connues ou inconnues des hommes que l'on aperçoit pendant la nuit dans le ciel.

Je parle au contraire de toi et de moi en tant qu'étoiles missionnaires de Dieu pour éclairer notre famille, notre société et ce monde contemporain de grande technologie et de la haute vitesse.

Quelqu'un a remarqué ton étoile et il l'a suivie jusqu'à te trouver. Ça peut être un homme de bien ou de mal, mais il t'a repéré !

Que Dieu te donnes la révélation afin que tu te réveille de ce long et profond sommeil qui t'embobine.

Tu es une étoile appelée à éclairer partout, même dans les milieux où l'on ne connaît pas encore.

Tu dois brûler et briller sans cesse et intervenir dans le cas de ceux qui sont dans le besoin. Tu as été sauvé pour sauver. Tu as été béni pour bénir et tus a été pardonné pour pardonner aussi les autres qui sont encore dans les ténèbres en pleine journée.

Les étoiles missionnaires de Dieu sont des personnes humaines qui endurent et qui acceptent de souffrir pour eux et pour les autres sans réclamer de salaire car elles sont des boules de feu qui brûlent et qui brillent jour et nuit.

Ces personnes ont un caractère de flammes de feu et foncent jusqu'au bout.

Je le dis à la surprise de beaucoup de lecteurs de la Bible. Un enfant de Dieu est une boule de feu et même s'il arrivait qu'il tombe dans l'enfer, son feu brûlera le diable et les démons.

Quand tu atteins cette dimension cosmique, tu deviens alors comme un ange et rien ne saura te nuire !

Le feu nous éclaire et nous réchauffe. Il nous aide à faire la cuisson et à garder aussi les aliments.

Depuis longtemps Dieu plaça le grand luminaire dans le ciel et c'est trop tardivement que les hommes ont découvert l'énergie solaire qui est plus bénéfique que l'énergie électrique.

Nous sommes des flammes de feu en tant que serviteurs et servantes de Dieu et nous sommes appelés à persévérer jusqu'au bout, car une couronne de gloire nous y attend.

Arrêtons ainsi de spéculer sur la forme et l'apparence des étoiles et entrons en nous-mêmes pour découvrir et vulgariser pourquoi Dieu nous a fait des étoiles et non des grains de sable sur la plage des touristes.

Nous n'avons pas ainsi besoin d'aucune représentation d'étoile dans notre vie et dans notre société.

Chacun de nous a une étoile pour sa direction divine et il est une étoile pour la mission de Dieu dans sa vie afin d'éclaire le monde en commençant par sa propre famille !

La lettre dans le fond de l'enveloppe est plus importante et plus pertinente son contenant.

L'Auteur

L'AUTEUR

Sylvanus Mulowayi Wa Kayumba, né un certain mercredi 02/10/1963 dans la petite ville minière de Kolwezi dans une famille de 8 garçons et 2 filles.

Sa plume remonte aux années 1983 comme dramaturge et acteur monologue, habitué à évoluer en soldat solitaire.

Traducteur Assermenté et Polyglotte, il a beaucoup écrit sur le social, le divin et est l'imaginaire.

Aumônier et prédicateur de la bonne nouvelle du royaume de Dieu, il est un ami des prisonniers et des malades.

Dans un style simple embaumé de microcosme, il continue sa trotte tant qu'il y aura encore de l'encre dans son encrier.

Co-fondateur du Culte Anglophone dans la Ville de Lubumbashi dans la Province du Katanga en République Démocratique du Congo en 1993.

En 2002 dans la Ville de Kinshasa, il participe efficacement à l'installation du Ministère du Réseau Global pour la Nouvelle Alliance et ouvre une émission chrétienne à la télévision « ONLY JESUS » avant de se concentrer totalement la littérature théologique pratique jusqu'à ce jour.

Ouvert à tous, pour la cause commune !

L'Auteur

Sylvanus MW

TABLE DES MATIERES

Printed by Books on Demand GmbH, Norderstedt / Germany